Leben beginnt jeden Tag

Leben beginnt jeden Tag

Poetische Texte,
gesammelt und herausgegeben
von

Kristiane Allert-Wybranietz

Mit Fotografien
von
Kristiane Allert-Wybranietz
und
Volker Wybranietz

WILHELM HEYNE VERLAG
MÜNCHEN

Gesamtgestaltung: Art & Design Norbert Härtl, München
Satz: Kort Satz GmbH, München
Druck und Bindung: Repro GmbH, München
Printed in Germany
ISBN 3-453-14320-5

Wenn das Leben sich entzaubert

Wenn das Leben sich entzaubert
Autofahren schädlich ist
und blindlings lieben tödlich

Wenn man rasch Einkäufe macht
und zwischendurch im Stehen ißt
Im Schlafzimmer ein Traum entsteht
zärtlich fernbedient

Wenn das Leben sich entwirklicht
man gegen Tod versichert ist
und in der Spätausgabe steht
wie anderswo sich's stirbt
und
daß die Erde dreht
und um die Sonne kreist
das ist vergessen

Wenn das Leben Zähneputzen wird
und Kinder zähmen
Aus der Steckdose kommt der Strom
und aus der Kuh die Milch

Die Schmetterlinge sind gezählt
die Paradiese ausgebucht

Wer jetzt mit den Bäumen spricht
macht sich verdächtig

Roland Zoss

Gedanken

Woher kommen die Gedanken?
Sie tropfen, immer neu und frisch,
in den Teich der Erinnerungen,
wo sie, in Stille und Ruhe bewahrt,
auf die nächsten Winde warten,
die sie hinaustragen werden über die Ufer
zu den Gestaden »Wort« und »Schrift«.

Birgit Nowiasz-Otten

Macht der Gewohnheit

Gewohnheit –
wohnst in mir wie die dicke alte Dame
von nebenan, die jeden Morgen ihren
Hund rausläßt – liebenswürdig und
manchmal unheimlich nervig, wenn Du
mich beschwatzt und sagst: So ist das
nun mal.

Willst keine Veränderung, willst bleiben
und jeden Morgen Deinen Kaffee.
Und manchmal passiert »draußen« ein
Unfall, und Du schaust aus Deinen
Fenstern und schnupperst mit der
Nase, läßt ein wenig fremden Geruch
an Dich und wendest Dich wieder ab.

So ist das nun mal …
Gewohnheit – trotz allem habe ich mich
an Dich gewöhnt. Ich kenne die Zeiten,
wo ich Dich anschaue und weiß, daß
ich noch da bin!

Gabriela Will

Angst / Depression

Trauer bekleidet den Tag
mit engem Kostüm.
So wenig Luft zum Atmen,
so wenig Sonne.
Das Gesicht des Himmels
verdeckt
mit schwarzem Schleier.
Tränendurchnetzt.
Die Nähte der Minuten
spannen sich um die Stunden.
Lassen die Zeit
hervorquellen,
überlaufen,
ergießen
im Nichts.
Keine Erleichterung.
Die Angst
drückt
von innen.

Gabriela Will

... dennoch

Schon verschwommen und graustichig werdend –
Erinnerungen an die passierte
Wegstrecke ...
Noch im Nebeldunst der Zukunft liegend –
Steine und Blumen vor uns ...

aber jetzt: mit der vollen Farbpalette
in der Hand
die Gegenwart ausfüllen ...

... manchmal unsicher, zaghaft,
oftmals auch voller Angst,
dann aber mit einem »dennoch«
den Pinsel wieder ansetzen,
auf das nicht andere unser Bild
malen!

Christine Hasenclever-Zbeida

angst

nachtschwarzer Panther
aufgerissener Rachen
fletschende Zähne

gehe auf dich zu
schaue dich an
spreche mit dir

meine große Hand faßt
meine kleine Hand
und spricht:

nichts als Hirngespinste!

Hildegard Hönemann

Das war

Dir gefolgt,
dein Werben
wie Seifenblasen
früher Kinderspiele,
verführerisch
zerstoben.

Dir verfallen
für das Neue
aller Anfänge,
dann die Mühsal
ausgetretener Pfade,
lehmharter Spur.

Dich verlassen,
bittere Zärtlichkeit
in den umfangreichen
Aktenordnern
nie geordneter
Gefühle.

Im Sperrmüll
findet ein Fremder
den Goldstaub
unsrer Beziehungen.

Ingrid Würtenberger

Texte

Du
schriebst die Texte
meines Lebens,
jede Zeile führte
mich zu dir.

Manchmal versagte
die Zeichensetzung,
die Schwingung
der Worte war
wichtiger,
und,
daß die Orthographie
der Liebe
unanfechtbar blieb.

Das Buch ist fast
abgeschlossen,
du als Autor
prüf jede Zeile,

setze dein Signum
und denke,
daß ich es ja bin,
die du
erfandest.

Ingrid Würtenberger

Geballte Wut

Die Wut
ballte sich
in meinen Fäusten
und wuchs

Da warf ich
sie mit voller
Wucht gegen
deine Mauer

Jetzt hat sie
ein Schlupfloch

Marlis Hillebrand

Das Wiedersehen

Frühmorgendlicher Blick in den Spiegel
Verschlafenes Unbehagen
Immer die gleichen Rituale der Reinigung
Die müden Augen
Blicklos dem grauen Montag zugewandt
Da plötzlich
Ein Funken tanzt
In müden Augen
Ich stutze
Bin mir nicht ganz sicher
Ein Irrtum?
Der Funken
Tanzt weiter
Kein Zweifel mehr
Ich bin wieder da!
Mein Wiedersehen mit mir selbst
Kann es wirklich möglich sein?
Ich bin es
Sage hallo
Greife in die farblose Mähne des Alltags
Schwinge mich in den Sattel
Und galoppiere davon

Beate Meisewinkel

Manchmal, wenn
der Sack mit dem Ärger,
die Kiste mit den Wünschen
und die Schachtel mit den Zweifeln
wieder kurz vor dem Überlaufen ist,
dann würde ich
– manchmal –
gerne auf ein großes weites Feld
hinauslaufen
und schreien,
bis ich vor Erschöpfung
zusammenbreche
und die gesammelte Last
von mir abfällt.

Manchmal sollte ich das tun,
aber meistens bin ich zu feige dazu.

Nur manchmal, da wage ich einen Anfang
und weine leise in mein Kopfkissen.

Gertraud Winter

Tief gesunken

Verstreut in den
Einzelheiten
meines Gedächtnisses
die Gesamtheit
der Erinnerungen.
Orkane von Ideen
vergreisen
mit der Zeit,
lassen sich
den Wind
aus den Flügeln nehmen
und sinken herab
in die Niederungen
des Alltäglichen,
bereit
zur Verbrüderung
mit den Personen
des öffentlichen Sterbens.

Walter Leimeier

Kind unserer Zeit

Du bist ein Kind unserer Zeit,
mit Automaten und U-Bahnen
kennst Du dich aus.
Knopfdruck ist sehr gefragt heut',
doch Liebe und Wärme
meiden dein Haus.

Du bist ein Kind
und bist glücklich
im Enterprise-Land.
Raketenbilder
zieren deine Wand.

Noch niemals hast du
mit Tieren gesprochen
und nur selten den Duft
frischen Brotes gerochen.
Du bist versiert in
Computerspielen,
doch niemand hat dich gelehrt
zu fühlen.

Du hast uns gezeigt,
wie verschlafen wir sind,
weil wir von besseren
Zeiten träumten.
Komm, wir holen jetzt nach,
mein Kind,
was wir bisher
so sträflich versäumten.

Christina Steuernagel

Samen, leichter Wundersamen
fliegst du durch das Sonnenlicht
und die Winde, die dich tragen,
ahnen deine Größe nicht.

Christine Lingscheidt

Die Wölfin

Die Wölfin in dir
möchte frei sein
wenigstens ab und an
in den Wäldern umherstreifen
jagen
Beute hetzen
totschütteln
sich darin wälzen
fressen
in einer kühlen Höhle ruhen
und dann wieder heimkehren

du aber
hast ein Schoßhündchen aus ihr gemacht
führst sie an der kurzen, eleganten Leine
durch graue, steinige Straßen in den gepflegten Park
und zurück
oft nicht mal dies
bürstest sie täglich
polierst ihr die Krallen
badest sie in duftendem Schaum
zeigst sie auf Ausstellungen und heimst Preise für sie ein
fütterst ihr Dosenfutter und Vitamindrops
und sie soll
im gepolsterten Körbchen
neben dem Ofen schlafen

Sie ist dick und träge geworden
lustlos
antriebslos
uninteressiert

Wundert es dich?!

Laß sie frei
deine Wölfin
wenigstens hin und wieder
laß sie
in den Wäldern umherstreifen
jagen
Beute hetzen
reißen
sich darauf wälzen
fressen
und in einer kühlen Höhle ruhen

Dann wird sie
heimkehren
zu dir
zufrieden
stolz
in sich ruhend
sich vor dein Bett legen
und wieder eine Weile bei dir bleiben.

Dorothy Vossen

Vogel und Kater

Mit großem Mut,
heb ab zum Flug.
Verlasse
Stäbe, Stangen, Gitter.

Der alte, fette Kater lauert,
mauert.
Behütet Dich dort nur zum Schein.
Er will Dich haben,
mit Haut und Haaren,
nistet sich schon bei Dir ein.
Beherrscht Dein Fühlen,
lenkt Dein Denken.

Er wird noch am Boden kleben,
wenn Du Deine Bahnen ziehst,
frei sein kannst und leben.

Evelyn Mrohs-Ketterer

Bahnhof der Begegnungen

Die Erinnerungen an zahlreiche Menschen
habe ich auf dem Bahnhof
der Begegnungen
wegen ihrer Bedeutungslosigkeit
in das Schließfach des Vergessens
eingeschlossen.

Menschen jedoch,
die mir sehr viel bedeuten,
trage ich ständig
in meinem geistigen Handgepäck
mit mir herum.

Rydiger Fromm

Suche nach dem Ich

Ich betrat eine Telefonzelle,
nahm den Hörer ab
und wählte meine Nummer.

Freizeichen –

doch niemand nahm ab.

Ich war also nicht zu Hause!

Aber wo war ich dann?

In mir selbst fand ich mich auch nicht.

Rüdiger Fromm

Lebensaussichten

Er kaufte
die Katze im Sack
Kam
auf den Hund

Und hoffte
doch noch einmal
Schwein zu haben

Das Leben
ist eben tierisch
dachte er

Harald K. Hülsmann

High Life

Suchtdroge Konsum
ein Schuß Seifenblasenglück
in stumpfe Seelen

Anke Fleissner

Tage, die an Nacht erinnern

Es gibt Tage
da fühlen wir uns
wie das letzte Blatt am Baume

Und wir fürchten den Wind

Aus welcher Richtung auch immer

Harald K. Hülsmann

Bäume der Kindheit

Die Purzelbäume,
die ich einst
in kindlichem Übermut
pflanzte,
hatten keine Wurzeln
und dennoch sind sie
fest verankert
im Erdreich meiner Erinnerung.

Alfred Zoppelt

Sonnenstrahlen

Du häufst Deine persönliche Trauer,
Deine Enttäuschungen an
im Laufe des Lebens.
Tag für Tag,
Monat für Monat,
Jahr für Jahr.

Der Haufen wird immer größer.
Du stehst davor und erschrickst ...
So viel Seelenschrott?

Einmal kommt der Tag,
da nimmst Du ein Streichholz
und zündest alles an.
Ein Häuflein Asche ...

So einfach ist das?

Du bläst es in alle Winde,
und die Sonnenstrahlen sagen:
»Gut gemacht!«

Sigrid Beuss

Bruchgefahr

Wer kennt schon
das rechte Maß?

Der vielen und lauten Worte,
der großen und schnellen Gesten,
nicht immer sind
diese die allerbesten

an den empfindsamen Tagen
aus brüchigem Glas.

Friederike Amort

Frühling

Ein Lachen
das darauf wartet
gehört zu werden
fliegt
durchs offene Fenster
hinaus
und bleibt zitternd
an den Blüten der Bäume
hängen
bis Du es
auffängst.

Rüdiger Stüwe

Mein Lachen

Willkommen, Lachen!
Warst zu lange auf Reisen.
Schön, daß du zu Hause bist.
Öffne die Tür dir, Lachen!

Danke für das Licht,
kreatives Schaffen.
Lachen
will ich schenken, verschwenden
wie Sonne Licht und Wärme,
wie Meer das Wasser.

Geliebtes Lachen,
solange du bei mir bist,
will ich dich, Lachen,
küssen, flüstern,
singen, schreien, jubeln,
ausschütten
aus vollen Kübeln.

Sigrid Strunkeit

Sehnsucht

Es gibt Tage
die sind nicht
Sonntag
Wochentag
Feiertag
es gibt Tage
die sind Sehnsucht

und das
Vogellied am
frühen Morgen
das ist Sehnsucht

und alle
Autos
hupen Sehnsucht

und die Wege
die man geht
sind gepflastert
mit Sehnsucht

und der
Kondensstreifen
vom silbrigen
Flugzeug
hell in den
weiten Himmel
gezogen
löst sich auf
in den
Schriftzug Sehnsucht

und die
Sternschnuppen
die in den Nächten
nach solchen
Tagen
fallen
tragen alle
den Namen Sehnsucht

Winfriede Kohlmeigner

Sehnsüchte
spiegeln sich
in den Pfützen

Träume
winken durch
die Scheiben

Abenteuer
klopfen an
die Tür

Zeit
mich endlich
hinauszuwagen

Irene M. Helwig

Zwischenwort

An den Krücken
jahrealter,
unvollendeter Gedichte
gehe ich
immer noch
unsicher.

Lang nicht mehr
bei dir gewesen,
Sprache.

Birgit Langer

Gedicht

Geh dicht
an das Leben heran
jedes Wort

führt dann ins Weite
zwischen den Zeilen
mitten ins Herz
das Unaussprechliche
neu buchstabieren

Thomas Romanus Bökelmann

Morgen ungewiß

Wir leben im Heute
als bräuchten wir kein Morgen
der Egoismus frißt
seine Kinder

Vergaßen ganz
den Sprößling zu setzen
wo wir den Baum
genommen

Habe ein Kind geboren
das auf Zukunft hofft
und kann nicht sagen:
ich schenk sie dir.

Christa Tobollik

gespräche mit ausländern

mit der putzfrau: du saugen sehr sauber!
mit dem kellner: du räumen schnell ab!
mit dem bauarbeiter: du sein pünktlich da!
mit dem schumacher: du machen sohle neu!
mit dem pizzaiolo: du werfen viel schinken drauf!

mit dem chefchirurgen: könnten sie bitte sehr
sorgfältig mit mir umgehen, ich bin noch
soo jung! Vielen Dank! Grazie mille!

Wolf Buchinger

Manchmal sind die Gesichter blind
und ich stehe davor
stumm wie ein Kind
vor gefrorenen Scheiben.

Und dann
wünsch ich mir
– Kind! –
einen Atem zu haben,
so heiß,
um ein Loch in die Scheibe zu hauchen!

Roswitha Zauner

Wie sagt man, zum Teufel, »ich liebe dich«
mit diesen Hurenwörtern?
Die jedem flott von der Zunge gehn,
allen Unsinn willig befördern,

die abgenützt sind,
verdummt und verbraucht,
mit Henna geschminkt,
in Einheitsbrühe getaucht.

Diese Diskussionsdirnen,
die sich einem im Mund umdrehn,
diese Meinungscallgirls,
die jedem stets zur Verfügung stehn!

Abgegriffen, benützt, verschlampt,
in allen Gossen daheim.
Zu jedem Akt bereit,
und zu jedem Reim!

Aus meinem Verhältnis mit dir
ist inzwischen Liebe geworden,
wie sag ich es dir?
Und mit welchen Worten?

Roswitha Zauner

Zwischenzeiten

Lange Tage voller Leere
Wanderungen
auf dem schmalen Grat
zwischen NICHTMEHR
und NOCHNICHT,
der alles enthält,
dem Absturz so nah
wie dem Aufstieg,
schwerelos im Vakuum
des Stillstands vor der Wende,
gespanntes Schweigen
zwischen den Möglichkeiten,
die zum Greifen nah
so weit entfernt sind.
Zeiten tiefster Resignation
und maßloser Hoffnung –
unbändige Kraft aus Verzweiflung,
die man nicht spürt –
lachend spielt das Leben
sich woanders ab – doch
wo alles vorbei ist,
kann ALLES
rückhaltlos
beginnen.

Sabine Meyer

Endgültigkeit

die farben meiner
sehnsucht abgewaschen

taste über
deine blankgeweinte
oberflächlichkeit

keine spuren
keine vertiefung

– *selbstbezogenheitsversiegelt* –

gefühlsimprägniert mit
tiefenwirkung!

ich mache in meiner hoffnung kehrt …
nach mir ruft das

LEBEN!!!

Ingrid Tatzel

Leben beginnt jeden Tag

Sag nicht, es wär alles so sinnlos
in dieser Zeit der Kälte, der Zerstörung.
Sieh, die einsame Rosenknospe
in meinem Garten erblüht,
trotz all des Frostes, der Kälte.
Leben beginnt jeden Tag
entfaltet sich langsam wie die Knospe
öffnet vorsichtig die zarten Blütenblätter,
traut sich, leuchtet stark in all dem Grau,
in dieser Zeit der Kälte, der Zerstörung.
Leben beginnt jeden Tag.

Sonja M. Abel

Ich
Kann
Die Gedanken nicht zählen
Und will mich
Nicht schrecken und quälen
Mit Träumen und ärgern an
Bildern,
Zu denen Verzweiflung und Ängste verwildern.

Heinz Körtner

Auf der Suche

Gestolpert – mit einer Hand voll Sterne
und seither unterwegs
die versprengten Hoffnungen
einzusammeln

Christiane Zaininger

Ich
Wollte, daß viele mich
Loben, und mir ist es gleich, wenn
Sie
Lügen, denn
Auch der gefällige Schein,
Der uns täuschen soll, schläfert die
Angst in uns ein.

Heinz Körtner

Nichts

Gleich einem im Herbstwind
taumelnden spröden Blatt
gleitet ein Quentchen Glück
vor mir auf und nieder
nah zum Berühren
doch trotzt es allen Mühen
es zu greifen
bald schwebt's nach hier
und bald nach dort
sinkt ermattet schließlich
irgendwo
zu Boden
bleibt unscheinbar
und ungenutzt
am Wegrand liegen

Nichts aber ist in meiner Hand

Waltraut Ulrich

Gefangener von Alcatraz

Gefangener von Alcatraz,
gebrandmarkt – hinter Gittern!
Nie wieder kommst du je hier raus!
Ein Grund, um zu verbittern!?
Und tausend Augen sehen dich,
sogar die Wand hat Augen,
und Kameraden nennen sich
die, die als Freund nicht taugen.
Gleichförmigkeit zerfrißt dein Herz,
du fühlst ihn nicht, den Seelenschmerz.
Die Wand ist dick, dein Wille lebt,
den Ort bald zu verlassen.
Lieben kannst du längst nicht mehr,
beginnst, dich selbst zu hassen.
Stark das Gesetz, du wirst bewacht
rund um die Uhr, es zählt: DIE MACHT.

Gefangener von Alcatraz,
ich kann es mit dir fühlen:
beginnst, ein freies Leben dir
im Geiste durchzuspielen.
Brennendheiß ist dieser Wunsch,
und nie wird er erkalten,
besiegst die Zwänge, hast's geschafft,
und keiner kann dich halten.
Du Glücklicher bist wirklich frei!

Scherst dich den Dreck um alle.
Für mich ist dieses Leben hier
die gleiche große Falle.

Heraus! Es muß! Ich brauche Luft,
erstick in dieser Enge!
Auch ich bin ein Gefangener,
– doch meiner eignen Zwänge.

Gefangener von Alcatraz,
was nützt uns denn das Fluchen?
Du sahst die Gitterstäbe stehn,
ich muß die meinen suchen …

Marlitt-Gitta Swietza

leid

pulst an die tür
und nimmt sich
ein zuhause
wie die schwalben

Eleonore Dehnerdt

Kalender

Du lebst
im Gestern
ich
im Morgen
das Heute
verpassen wir
gemeinsam

Brigitte Breidenbach

Märchenprinz 2000

sattes Outfit
        gestylte Miene
                cooler Gang

    Seele verstaucht

Brigitte Breidenbach

Ich sitze an meinem Schreibtisch.
Vor mir die Traurigkeit,
hinter mir der Blues.
Ich nehme mir ein Lächeln und
schmeiße es gegen die Wand;
in der Hoffnung, daß es zurückprallt,
mich trifft und mitreißt!

Claudia Dithmer

Tränen im Versteck

Morgens im Bad
wird das Gesicht retuschiert,
die Falten der Nacht geglättet
und der Körper in Düfte gehüllt.

Tagsüber im Geschäft
darfst du
ganz nach Sachlage
ernst sein,
nachdenklich schauen,
fröhlich lächeln oder
eine sorgenvolle Miene ziehen.

Abends zeigst du
im Freundeskreis
ausgelassene Fröhlichkeit oder
in anspruchsvollen Diskussionen
deine intellektuellen Züge.

Der Tag ist vorbei,
die Wohnungstür ist zu,
du bist allein.
Nicht selten
stellen sich erst jetzt
deine Tränen
der Einsamkeit ein.

Stefan Hüppe

Älter werden

Älter werden
bringt manchmal auch Gewinn:

Zugewinn an Mut
ein Mehr an Freiheit
das Unmögliche zu denken
das Undenkbare zu tun
auszusprechen
was unsagbar schien

und nicht zu fliehen
vor dem Wunder
wenn es unvermutet
sein Gesicht erhebt
aus der Trivialität
des Alltags.

Christa Mathies

Gardinenpredigt für liebe Schwestern

Das könnte euch so passen,
liebe Schwestern,
daß jede von euch ein Kästchen hätte
mich einzuordnen,
in Schablonen zu pressen,
im Schnellhefter sicher zu verwahren.

Die erste stellt mich ins Hausfrauenregal,
zweites Fach von oben:
bürgerlich, ordnungsliebend, gepflegte Küche.
Auf die Familie fixiert,
leistet keine bezahlte Arbeit,
null Ahnung vom Leben!

Bei der zweiten lande ich im Intellektuellenkörbchen:
Rennt ständig zu Vorträgen,
liest so elitäres Zeug,
soll sogar selber schreiben.
Kein Wunder, wenn ihr Rasen voller Unkraut ...
Und auch noch Feministin – der arme Mann!

Die dritte hat mich im Leitzordner abgeheftet,
Registerblatt H, Abteilung klein b:
Hetera, mit einem kleinen Schuß Bi,
Ehefrau, Handlangerin des Patriarchats.
Relativ ungefährlich
für Lesben.

Die vierte ist Astrologin und weiß ganz definitiv,
warum ich als Wasserfrau
mit diesem oder jenem Aszendenten
unter dem Einfluß von Sonne und Mars
so und nicht anders und typisch wasserfraugemäß
zu handeln habe.

Das könnte euch so passen, liebe Schwestern,
daß ihr mich katalogisiert,
etikettiert, registriert,
einengt und einpfercht in Raster.
Doch ich spiel dieses Spiel
nicht mehr mit!

Ich riskiere den atemberaubenden Blick
über den Tellerrand,
verlasse respektlos mein Körbchen,
klettere frech aus der Schubladenenge,
überschreite mit Wonne die Grenzen.
Ich lasse mich nicht reduzieren!

Christa Mathies

Unerfüllte Wünsche

Als Kind suchte sie
Geborgenheit
und erhielt einen Haustürschlüssel.
Als Frau sehnte sie sich nach
Zärtlichkeit
und bekam ein Kind.
Als Greisin suchte sie
Wärme
und erhielt eine Heizdecke.
Bei ihrer Beerdigung sagten alle,
sie hätten sie geliebt.

Ute Gruhl

»Ein echter Mann kennt keine Tränen.«
Ist das nicht zum Heulen?

Jutta Horstkötter

Yesterday

Das schlimmste Gefängnis
Das engste und
grausamste
mit den schrecklichen Qualen
mit der schlimmsten Folter

Das Gefängnis vieler
Einsamer
Stehengelassener
der Verlorenen
und Verdammten

Das Gefängnis
allzu vieler Menschen
die Schranke
allzu vieler Wege
ist
die Vergangenheit

Dolores Oberlechner

Ohne Maske

Deine Worte,
dein Lächeln,
deine Gesten,
endlich ist die Maske gefallen,
endlich verstehe ich,
endlich redest du,
lächelst mit deinem Herzen,
und tausend Gefühle
glänzen in der Morgensonne.

Manfred Witte

Als du mein Herz besetzt hast,
hatten wir unsere beste Zeit.
Gefühle verbrüderten sich,
liefen Hand in Hand
durch eine Traumwelt.

Dir war das nicht genug.
Du mußtest mit deinen Truppen
auch in mein Ich einmarschieren,
um die Schaltzentrale
unter deine Herrschaft zu bringen.

Es kommen schlimme Zeiten.
Widerstandskämpfer formieren sich,
Hinterhalte werden gelegt,
ein Frieden ist unmöglich.

Peter Erhardt

Leben heißt

Zeit von Rosen und Dornen
Zeit von Feuer und Wasser
Zeit von Licht und Schatten
Zeit von Wärme und Kälte
Zeit von Sonne und Mond
Zeit von Liebe und Haß
Zeit von Glück und Leid
Zeit von Geburt und Tod

und irgendwo dazwischen
ein Hauch von mir

Karin-Anna Schrupp

Sinnlos«, sagst du.
»Schau sie dir doch an, die Träumer von gestern.
Nichts als müde, abgestumpfte Gesichter.«

»Vielleicht«, sage ich.
Doch du redest weiter.

»Auch sie wollten alles besser machen.
Glaubten an den
Frühling, tanzende Sterne, an gelebte Liebe
und an buntere Tage.
Du und deine Suche nach einem Sinn.
Lächerlich. Klein bist du. Und machtlos.
Und bald genauso grau und angepaßt.
Wirst schon sehen.«

»Vielleicht«, denke ich und lasse dich reden.
»Warum soll ich dir von meiner Feuerhöhle erzählen,
in der das Temperament, die Sehnsucht,
das Leben brennt!
In der Leidenschaft und Hoffnung funkeln.
Du würdest gar nicht zuhören. Dabei ist bestimmt
noch ein Rest Glut in dir.
Du müßtest nur suchen.«

»Sinnlos«, sagst du.

Alexandra Helf

Abendstimmung

Zärtlich küßt der See die Kiesel am Uferstrand.

Erinnerungen an sanfte Berührungen werden wach
auf meiner Haut.

Auf den schaukelnden Bändern der Lichter
wandern die Gedanken über die glatte Wasserfläche,
verweilen träumend am anderen Ufer,
verlieren sich schließlich im Abenddunst.

Sommerreste durchziehen die Luft.

Ich ahne den Herbst
und verwahre die Ernte meiner Gefühle dankbar in
meinem Herzen.

Mechthild Jülicher

Die Freiheit (oder: Dankeslied an gewisse Momente)

Ganz ungestüm
packt Sie mich
und möchte mich mitreißen
in ihre verrückte Welt,
mich,
verankert zwischen Bausparverträgen und
  LEBENSVERSICHERUNGEN,
eingespannt im Alltag zwischen Rollentheorien
  und der Gewißheit,
  daß meine AN-WESEN-HEIT *unersetzbar* ist,
und während ich noch dasitz
und über das Unmögliche nachdenke,
ergreift Sie einfach meine Hand
und entführt mich,
zerrührt mich,
und ver-rückt mich.

Christian Klose

leben

wir füllen unser leben
mit aktivitäten
sind geschäftig
und fragen selten
was da fehlt.

könnte man tiefer
in seelen blicken
dann wüßte jeder
vom anderen:
wir erschlagen nur zeit.

manchmal
stehlen wir uns da hinaus …
und leben.

Reinhard Dudda

Blumenkind

Einst war ich ein Kind,
das unbeschwert und leicht
über eine Sommerwiese lief,
Blumen pflückte und diese
in einem Korb sammelte.

Mit der Zeit kamen viele daher,
um mir meine Blumen zu stehlen,
sie zu Boden zu werfen und
auf ihnen herumzutrampeln.

Dann war mein Korb leer,
und auch ich
blühte nicht mehr.

Es kostete viel Mut und Kraft,
sich auf den Weg zu machen,
um neue Blumen zu suchen.

Doch ich habe festgestellt:

mit Tränen gedüngt,
kommen ganz andere Sorten hervor,

und meine Ernte ist kostbarer denn je.

Heike Busch

Wie gehabt

Irgendwo
in diesem Himmelbett
meiner Gedanken
verführt die Illusion
glückselig
meine Unvernunft

und ich geh wieder
schwanger mit der
verflixten Hoffnung

Monika Peters

Ein Vogel

Ein Vogel bin ich
in deiner Hand,
das Herz voll Süden.

Laß mich los,
wenn du mich
halten willst.

Ich brauche
die Nähe von Weite.

Monika Peters

Wir lieben es zu benennen,
wir lieben manchmal die Namen – so scheint es –
mehr als die Seele.
Wir ziehen Grenzen und Zäune
– die Wörter sind Pfähle –
und schließen uns selber mit ein.

Carola Justo

Schmuck

Es wäre gut,
wenn alle Taten
aufgefädelt würden
zu einer Kette,
die nicht fesselt,
sondern schmückt.

Heiko Heine

Erinnerungen spielen
ein unfaires Spiel:
glückliche Stunden
und Zärtlichkeiten
gegen zugefügten Schmerz
und zerschlagene Träume –
und der Schiedsrichter
blind
vor Liebe

Katja Meusel

beerdigung

im off'nen sarg
der tod
und ich davor
und nichts dazwischen
das mich schützt

mein wissen nicht
nicht meine bildung
all meine pläne nicht
und nicht einmal
ein wichtiger termin

mein titel nicht
nicht meine feinen kleider
all meine habe nicht
und was mir sonst noch
sicherheit zu geben schien

alle jene nicht
die tag für tag in
seifenopern tönen sie
böten lebensglück und jugend
mir zum kauf

nicht einmal du
mein freund nicht du
meine sanfte geliebte
haltet den bruder mit
der letzten nachricht auf

er jener dunkle
zwilling meines lebens
der meinen ersten schrei
gehört und weiß wann mir
der abschied droht

er scheint zu grinsen
über meine sicherheiten
die eine stunde lang
nicht taugen vor ihm
dem tod

Alexander Rajcsányi

tote paare

sie tauschen ihr schweigen:
abgelaufene fahrscheine
für abenteuerreisen in steppen
und sternenhimmel

siechende sind sie
tote genau besehen
mit einem betonbild
vom andern im kopf
und diesem wissen im blick:
stahltür vor verhärmter seele

besitzstandswahrend
bewachen sie einander
bereit jederzeit
den andern zu schützen
vor unverhofft eintretendem
glück

jeder blick zum andern
ein seufzen
jeder handgriff für den andern
ein vorwurf
alle zeit miteinander
martyrium

keiner
der sie einsperrt
für den achtlosen totschlag
an ihrer liebe

Alexander Rajcsányi

Wunschzettel

Zweifellos
möchte ich sein
ohne Wenn und Aber und Vielleicht
der inneren Stimme folgen
und dem sechsten Sinn zuhören.

Auf Rückfahrkarte, Umtauschrecht
und Lebensversicherung verzichten

und nicht mehr auf Zehenspitzen
durchs Leben flüstern
um bloß keinem auf die Füße zu treten.
Sondern endlich fest
auf dem schwankenden Boden der Tatsachen stehen.

Ingrid Möller

Freunde

Das Gros der Freunde
im Leben
entpuppt sich als
lauwarme Bekannte,
die gänzlich abkühlen
und sich in nichts auflösen,
wenn sie am meisten
gefordert sind.
Die sich
wie Fische an der Angel winden
und sich wenig
bravourös verhalten.
Selbst wenn ich nicht
zartbesaitet bin,
schmerzt mich manch
vertaner Versuch.
Doch ich dulde keine
Abonnenten auf mein Leben,
die meine druckfrischen Seiten
auspressen
und mich dann achtlos
in den Hausmüll werfen.
Meine Gefühle sind nicht
recyclebar!

Alisha Bionda

Nicht ganz schwindelfrei

Mein Leben zwischen
Deals & Margen
Kosten & Erträgen
hat mich vieles ge-kostet
ich hab es er-tragen
denn es brachte
guten Ertrag
ohne Frage
bleibt nur noch
zu fragen
um welchen Preis
preiswert oder
zu viel bezahlt
manchmal meine ich
etwas weniger
wäre mehr gewesen
doch das Leben
hat nicht gefragt
darf es etwas mehr
oder weniger sein
ein mutiger Schritt
und –

und –
ich stand schließlich
ratlos benommen
plötzlich ganz oben
nicht ganz schwindelfrei

Gerhard Wissler

Goldene Stacheln

Als man sie verletzte,
ihre Gefühle zu Boden stampfte,
verkrampfte sich ihr Herz bitterlich
und aus dem
Augenwinkel kam sie heiß
angekrochen,
die Träne!
Aber ihre Igelseele
stellte sofort goldene Stacheln auf,
um für die
nächste Verletzung
besser
gerüstet
zu sein.

Emely Jasmin Nakapagorn

Die Probe

Fühlst du
die Blasen nicht
unter den Füßen
vom vielen Laufen
durch leere Stunden?

Und hast du
schon einmal
daran gedacht
daß dein Leben verläuft
wie ein kümmerlich Rinnsal?

Nimm deine Karre
bepack sie
mit Steinen oder
mit Unverstand

und probiere die Kraft
die noch in dir wohnt ...

vielleicht –

vielleicht wenn du mutig bist
wird dir der Wurf gelingen

das Lasso ist stark genug

ob aber auch dein Gewissen?

Peter Coryllis

Liebe
legt
die Karten
offen
auf den Tisch.
Gewohnheit
mogelt.

Marcus Reddig

Langeweile

Allein liegst du
auf Steinen –
eine Zigarette lässig
im Mund –
Langeweile.
Du bist allein –
allein ist – ALLEIN:
Ohne Meckerei und Nörgelei,
du brauchst nicht
zu funktionieren;
keiner sagt:
Rauchen ist ungesund.
Keiner, der zur Unstund
Hunger hat oder
sonstige Gelüste –
Deine Brüste wiegen
schwere Neigung ins Erdreich,
aber auf deinem Knie sonnt sich
locker
smaragdgrünes Glück.

Waltraut Weiß

Zerschlagen

ich wollte
ein Bild bewahren
aus glücklichen Tagen

damit es
alles überdauert
habe ich es
in Granit
geschlagen

der Stein ist hart
aber daß Erinnerungen
unversehrt bleiben
ist eine Illusion

das Leben
zerschlägt
die sorgsam
gehüteten Bilder
wie kostbare Krüge
aus Ton

Ingeborg Rinner

Ihr ständiger Begleiter

oh ja, er ist da
auf ihn kann sie sich verlassen
– immer –
er läßt sie nicht allein
– nie –
er ist meist direkt hinter ihr
an die Fersen geheftet.

Oft dreht sie sich mit gesträubtem Nacken um, und
– sieht nichts! –
fühlt nur die erdrückende Hand
auf ihrer Schulter.

Manchmal stößt er sie
von hinten, und sie stolpert
– über nichts! –

Fallen läßt er sie nur selten
und wenn, hebt er sie wieder auf,
treibt sie unermüdlich weiter
– immer weiter –

Wegrennen, ihn abschütteln?
– zwecklos –
sie hat es probiert.

Ist es still
ist ihr, als höre sie seine Stimme
– sein Rufen –

Freut sie sich und ist mal ausgelassen,
ist er am Ende größer, gewaltiger
und bedrohender denn je.
Er zerstört alles,
engt sie ein,
nimmt ihr die Luft.

Sie lebt nicht allein,
sie lebt mit ihm
– ihrem Schatten –

Kerstin Kalisch

Der Unsichere

Im Maskenspiel
des Tages
bebt sein Inneres
in der Furcht
einer Verletzbarkeit
und er lächelt
Sicherheit
im Spiegel
anderer.

Petra Ewers

Mißbrauch

Es war schon finster
und so still
doch keiner
hat mich schreien hören.
Ganz plötzlich war er da
über mir
auf mir
in mir.
Gekommen wie ein
Schatten
gegangen wie ein
Alptraum.

Alexandra Hell

Einbruchsmeldung

Du,
du bist bei mir eingebrochen.

Schonungslos
bist du vorgestoßen
an mein Herz,
warst von Anfang an sehr offen,
erzähltest mir
von Freuden und von Schmerz.

Du,
du hast bei mir
ein Fenster eingeworfen,
dessen Glas milchig wurde.

Ich habe kein neues Glas einsetzen lassen,
so lieb ist mir der frische Wind,
den du mitgebracht hast.

Stefan Hüppe

Früher

Früher war alles noch einfach
als ich mir keine Sorgen
machen mußte.
Aber jetzt habe ich manchmal Angst
daß es irgendwann einmal
nichts mehr geben wird
von dem ich träumen
und an das ich glauben kann.

Alexandra Hell

Immer wieder Gedichte.
                Sie lesen
auch schreiben
                immer wieder
                immer anders;
einmal Wundsalbe
einmal stützender Verband
aber auch
ätzende Desinfektion

Annegret Kellermann

Menschen wie Mauern, kalt und unantastbar

Die Seele verborgen hinter kaltem Stein

Geschützt?
nein – eingesperrt
Eingesperrt durch die Angst
sich zu öffnen
Eingesperrt durch die Furcht
verletzt zu werden

Warum?
Es gibt schon genug Mauern
die uns umschließen und
uns langsam erwürgen

Genug Barrieren aus Ignoranz
und Vorurteilen
Genug Wälle aus Haß
Genug Gräben aus eiskalter Gefühllosigkeit

Genug Menschen aus Stein

Klaus Schmitz

Moralische Bilanz

Niemand kann der Pflicht entfliehn,
dann und wann Bilanz zu ziehn.
Einerseits, ob unser Hoffen,
überwiegend eingetroffen,
Andrerseits, ob wir dem Leben,
stets den rechten Sinn gegeben.
Haben wir bei Jung' und Alten,
angemessen uns verhalten?
Haben Menschen oft betrübt,
weil nicht Toleranz geübt?
Gegen die, die anders wohnen?
Andere Religionen?
Mußten wir denn Menschen hassen,
nur weil sie von andern Rassen?
Durften wir Kulturen schmähen,
ohne diese zu verstehen?
»Kauderwelsch« die Sprache nennen,
ohne nur ein Wort zu kennen?
Über einen andern Gott,
dümmlich äußern unsern Spott?
Muß man über »Fremdes« keifen,
ohne jemals zu begreifen,

daß man leben lassen sollt',
wie es die Natur gewollt.
Mensch, lern tolerant zu werden,
denn Du bist nur Gast auf Erden!

Helmut Letzner

Zeit?

Beim Auspacken bemerke ich,
daß die Uhr im Weltempfänger
eine Stunde vorgeht. Sie steht
noch auf Sommerzeit, seit
unserem letzten Sommer
damals.

Es gelingt mir nicht, die Zeit
zurückzudrehen. Nicht nur
verdammte Technik.

Rüdiger Vermöhlen

Garstiger Zwerg

Wütend
springt er auf und ab.
Er rüttelt an den Stäben,
die ihn umgeben;
eingeschlossen im Käfig
meines Lebens.

Traurig
sitzt er da und heult.
Niemand soll ihn hören
in seinem Schmerz;
eingeschlossen im Käfig
meiner Rollen.

Garstig
zischt er böse Worte.
Oft fordert er sein Recht
zu schreien;
zwar eingeschlossen im Käfig
meiner Seele,
dringen doch schon 'mal
giftige, gesunde Brocken
durch die Mauer meines
selbstauferlegten Ichs.

Irgendwann findet er
den Ausgang, fürchte ich
und freue mich
diebisch.

Ralf Schlüter

von ort zu ort

wie auf der flucht
haste ich umher
von ort zu ort
und kann nicht bleiben

finde nicht die ruhe
die ich suche
und ertappe mich
nachts in meinen träumen

die feigheit des alltags
macht mich klein
will ich doch erfahren
und nicht erinnern.

Stephen Janetzko

Wie in Worte fassen,
was unfaßbar,
grenzenlos,
unser Tun beflügelt,
unserem Sein
Sinn gibt,
unserem Werden
Ziele?
Wie in Worte fassen,
was abgenutzt,
beschmutzt
am Boden liegt?
Ich fasse Mut,
hebe sie auf
und geb' sie
ihrem Himmel wieder.
Dort soll sie für
mich thronen,
frei und groß,
die Liebe.

Karin Jablonka

Liebe

Liebe ist
wie Muschelsand
mache den Versuch
ihn festzuhalten
je fester
du deine Finger
zusammendrückst
desto mehr
wird aus der Hand herausquillen
halte die Hand geöffnet
der kleinste Windhauch
nimmt die feinen Körner mit

am Ende
bleiben nur einzelne Sandkörnchen
an den Händen kleben
sie erinnern daran
daß die Liebe da war

Georg Walz

Aus der Ferne

Meinen Gedanken
wachsen
bunte Flügel
hauchzart
berühren sie
dein Gesicht
bunte Küsse

ich vermisse dich

Helga Mandel

Die Zeit, um eine Blume anzusehn,
die solltest du dir immer nehmen,
anstatt, als müßtest du dich dessen schämen,
in Hast und Eile deines Wegs zu gehn.

Du weißt nicht, ob sie morgen dir noch blüht,
ob sie, ob du die Welt verlassen.
Drum säume nicht, den Augenblick zu fassen,
eh die Gelegenheit vorüberzieht.

Nimm dir die Zeit auch für ein gutes Wort,
du wolltest es doch längst schon sagen
und sollst es nicht zu lange mit dir tragen.
Wer heut noch da ist, ist schon morgen fort.

Wir halten die Gefühle oft im Zaum
und wagen nicht, sie auszusprechen.
Schnell kommt die Zeit, nach drüben aufzubrechen.
Und dann verhallt das Wort im leeren Raum …

Hans Kreiner

Stilleben.

Auf dem Tisch:
Bleistift, Papier,
eine Uhr.

Zeitflamme,
scharf und ziseliert?

Es bleibt
eine Mulde
aus Konzentration
– und Vergessen.

Karl Seemann

die ganze Nacht
webt
  die Spinne
der Schlaflosigkeit
das Gewebe
  deiner Abwesenheit

tutta la notte
il ragno
  dell' insonnia
a tessere
  la tela
della tua assenza

Emilio Paolo Taormina

gelebte philosophie

kinder spielen gerne
im regen

nur am anfang
wird man naß

Manfred Sestendrup

selbstzerstörung

angriffen anderer
kann man ausweichen
doch wenn man sich selber ein feind ist
trifft jede kugel

Manfred Sestendrup

Sisyphos, Bruder

Hoffnung
Nur sie treibt mich
Hält mich
Ich vergesse die endlose Nacht
Die Angst vor dem Stein
Täglich
Am blutroten Morgen
Zünde ich Opferfeuer an
Vergebens
Zeigt mir die Taube den Flug
Immer wieder erhebe ich mich
Will den Irrlichtern folgen
Unverwechselbar das Ziel
Das ich täglich leugne

Regine Mönkemeier

Wir trennen uns vom Partner,
wechseln den Beruf,
vergraben unsere Träume,
lösen uns von den Kindern,
verdrängen unsere Bedürfnisse,
investieren unsere Gefühle,
verspielen unsere Chancen,
versteuern unsere Einkünfte,
schicken unsere Sehnsüchte auf Reisen,
vererben unseren Besitz,
übergeben unsere Verantwortlichkeit,
verkaufen unser Image,
verlieren unsere Identität.
WARUM NUR BLEIBEN WIR SO EIGENSINNIG
AUF UNSEREN ÄNGSTEN SITZEN?

Roswitha López Rodas-Utters

Alle Jahre wieder …

Alle Jahre wieder
am selben Tag des Jahres:
15 rote Rosen.
Langstielig wegen des Jahrestages.
Ein Tag später:
Hängerosen.
Ich mag keine roten Rosen,
schon gar nicht langstielig.
Das sagte ich Dir.
Und doch:
alle Jahre wieder
am selben Tag des Jahres:
15 rote Rosen.
Langstielig wegen des Jahrestages.
Am nächsten Tag:
Hängerosen.
So sah es Dein Programm vor.
Von meinen Spaziergängen
brachte ich Dir bunte Sträuße,
Blumen vom Wegesrand, Gräser.
Uns trennten Poesie und Prosa.

Irmhild Schumann

Unordnung

Ich liebe
diesen Platz
mit Büchern
unterm Dach,
an meinem
Schreibtisch.

Alle
Unordnung
in mir
räume ich
hier
auf.

Carmen Böhm

Sanddorn

Nur Geducktes hält sich
im Strome des Zugs,
der dauernd uns trifft.

Kaum Höhe erlaubt
die lausige Zeit.

Wozu dann die Dornen,
Dein dürftiges Kleid?

Udo Jobst

Die Autoren

Abel, Sonja Maria, geb. 1948, Beamtin, lebt in Celle

Amort, Friederike, lebt in Großreifling/Österreich

Beuss, Sigrid, Tanzlehrerin, lebt in Verden an der Aller

Bionda, Alisha, geb. 1958, Beamtin, lebt in Neuss

Böhm, Carmen, geb. 1953, Bürokauffrau, lebt in Rodgau bei Offenbach

Bökelmann, Thomas Romanus, geb. 1971, Student, lebt in Osnabrück

Breidenbach, Brigitte, geb. 1947, lebt in Aachen

Buchinger, Wolf, lebt in Goldach/Schweiz

Busch, Heike, lebt in Offenbach

Coryllis, Peter, 1997 verstorben, lebte als freier Schriftsteller in Walchum/Emsland

Dehnerdt, Eleonore, geb. 1956, Sozialpädagogin, lebt in Northeim

Dithmer, Claudia, geb. 1974, Floristin, lebt bei Rendsburg

Dudda, Reinhard, geb. 1942, Realschullehrer, lebt in Bremervörde

Ehrhardt, Peter, geb. 1953, Beamter, lebt in Rastede

Ewers, Petra, Ärztin, lebt in Halberstadt

Fleissner, Anke, geb. 1960, lebt in Bischofshofen/Österreich

Fromm, Rüdiger, lebt in Köln

Fromm, Rydiger, geb. 1959, Soldat, lebt in Köln

Gruhl, Ute, geb. 1955, Sekretärin, lebt in Hameln

Hasenclever-Zbeida, Christine, geb. 1954, Heilpädagogin, lebt in Israel

Heine, Heiko, Internist, lebt in Schermbeck

Helf, Alexandra, geb. 1976, Studentin, lebt in Hamburg

Hell, Alexandra, geb. 1976, lebt in Melk, Österreich

Helwig, Irene M., geb. 1962, Sozialpädagogin, lebt in Dortmund

Hillebrand, Marlis, lebt in Bonn

Hönemann, Hildegard, geb. 1946, Bankkauffrau, lebt in Erwitte.
Wir danken dem Frieling-Verlag für die Abdruckgenehmigung des Gedichts.

Horstkötter, Jutta, geb. 1969, Rechtspflegerin, lebt in Beckum

Hülsmann, Harald K., lebt in Düsseldorf

Hüppe, Stefan, geb. 1956, Aus- und Weiterbildungsleiter in der Industrie, lebt in Gau-Algesheim

Jablonka, Karin, geb. 1955, Bankkauffrau, lebt in Spaichingen

Janetzko, Stephen, geb. 1966, lebt in Hagen

Jobst, Udo, geb. 1940, Internist, lebt und arbeitet in Stadthagen

Jülicher, Mechthild, geb. 1938, lebt in Senden

Justo, Carola, geb. 1955, Sozialpädagogin und Malerin, lebt in Kassel

Kalisch, Kerstin, Maskenbildnerin, lebt in Neu-Ulm

Kellermann, Annegret, geb. 1944, lebt in Bochum

Klose, Christian, lebt in Würzburg

Kohlmeigner, Winfriede, lebt in Bad Hall/Österreich

Körtner, Heinz, geb. 1921, Studiendirektor i.R., lebt in Siegen

Kreiner, Hans, geb. 1931, Unternehmer, lebt in Bad Vöslau, Österreich

Langer, Birgit, lebt in Wiener Neustadt/Österreich

Leimeier, Walter, Lehrer, Autor und Verleger, lebt in Lippstadt

Letzner, Helmut, geb. 1934, Einkaufsleiter i. R., lebt in Kölln-Reisiek in Schleswig-Holstein

Lingscheidt, Christine, geb. 1952, Arzthelferin, lebt in Mönchengladbach

López Rodas-Utters, Roswitha, geb. 1944, Kunsterzieherin und Sozialpädagogin, lebt seit 20 Jahren in Lima/Peru

Mandel, Helga, geb. 1951, Postangestellte, lebt in Hannover

Mathies, Christa, geb. 1940, techn.-wissenschaftliche Programmiererin, lebt in Würzburg

Meisewinkel, Beate, geb. 1967, wissenschaftliche Sekretärin, lebt in Karlsruhe

Meusel, Katja, geb. 1968, lebt in Hamm

Meyer, Sabine, geb. 1966, Druckvorlagenherstellerin, lebt in Heusweiler

Möller, Ingrid, geb. 1950, lebt in Garbsen bei Hannover

Mönkemeier, Regine, Juristin, lebt in Lübeck

Mrohs-Ketterer, Evelyn, lebt in Löffingen

Nakapagorn, Emely Jasmin, Kauffrau, lebt in Kalsdorf/Österreich

Nowiasz-Otten, Birgit, geb. 1964, lebt in Herne

Oberlechner, Dolores, geb. 1971, Hoteldirektorin,
lebt in Vintl/Südtirol, Italien

Peters, Monika, geb. 1942, Sekretärin, lebt in Rheinbach bei Bonn

Rajcsányi, Alexander, geb. 1952, Realschullehrer, lebt in Sandhausen

Reddig, Marcus, lebt in Itzehoe

Rinner, Ingeborg, tätig in der Privatwirtschaft, lebt in Wien

Rudnick, Gerhard, lebt in Bad Säckingen

Schlüter, Ralf, geb. 1967, Dozent und Amateurschauspieler,
lebt in Schwerte

Schmitz, Klaus, geb. 1971, Student

Schrupp, Karin-Anna, geb. 1946, Kauffrau, lebt in Nassau bei Koblenz

Schumann, Irmhild, geb. 1939, lebt im Rhein-Neckar-Kreis

Seemann, Karl, lebt in Bad Bentheim

Sestendrup, Manfred, geb. 1952, Lehrer und Schriftsteller, lebt in Dülmen, veröffentlicht alle seine Bücher (inzwischen zehn) zugunsten der Deutschen Welthungerhilfe

Steuernagel, Christina, geb. 1960, Kindergartenleiterin, lebt in Limburg/Lahn

Strunkeit, Sigrid, lebt in Barsinghausen

Stüwe, Rüdiger, geb. 1939, Lehrer, lebt in Ellerbek bei Hamburg

Swietza, Marlitt-Gitta, geb. 1954, Sekretärin, lebt in Halle/Saale

Taormina, Emilio Paolo, Dichter, lebt in Italien, Übersetzung Renato Vecellio, Wien

Tatzel, Ingrid, geb. 1966, Heilpraktikerin, lebt in Mettmann

Tobollik, Christa, geb. 1962, Journalistin, lebt auf Amorgos/Griechenland

Ulrich, Waltraut, geb. 1935, Industriekauffrau, lebt in Bremen

Vermöhlen, Rüdiger, geb. 1962, Informatiker, lebt in Herzogenrath

Vossen, Dorothy, geb. 1958, Tontechnikerin, lebt in Bühl/Baden

Walz, Georg, geb. 1951, lebt in Wolfratshausen

Weiß, Waltraud, geb. 1939, Sekretärin, lebt in Köln

Will, Gabriela, lebt in Hamburg

Winter, Gertraud, geb. 1969, Arzthelferin, lebt in Wiesloch

Wissler, Gerhard, geb. 1944, Bankdirektor, lebt in Hamburg

Witte, Manfred, geb. 1950, Angestellter im bahntechnischen Dienst, lebt in Rotenburg/Wümme

Würtenberger, Ingrid, lebt in Freiburg

Zaininger, Christiane, lebt in Haar

Zauner, Roswitha, geb. 1938, Schriftstellerin, lebt in Rainbach/Österreich

Zoppelt, Alfred, lebt in Wien

Zoss, Roland, geb. 1951, Mittelschullehrer und Liedermacher, lebt in Bern

Die Herausgeberin

Kristiane Allert-Wybranietz wurde 1955 in Obernkirchen (Niedersachsen) geboren und lebt heute in Auetal-Rolfshagen.
Mit ihren Verschenk-Texten wurde sie die erfolgreichste Poetin der achtziger Jahre. Sie ist Herausgeberin zahlreicher Gedichtbände und Erzählungen.
Im Wilhelm Heyne Verlag erschienen von ihr bisher fünfzehn Bücher, zuletzt der Band mit Verschenk-Texten: Hoffnungsschimmer auf Hochglanz poliert.

Ein Hinweis zum Schluß

Kristiane Allert-Wybranietz wird auch weiterhin unveröffentlichte poetische Texte und Gedichte sammeln. Sie freut sich über jedes neue Manuskript, das zu ihr gelangt. Die große Anzahl der bisher eingesandten Texte hat allerdings gezeigt, daß es leider nicht möglich ist, alle Originale wieder zurückzuschicken. Daher die herzliche Bitte: Schicken Sie Ihre Texte nur in Kopie an folgende Adresse:

Kristiane Allert-Wybranietz
Zum Horsthof 6
31749 Auetal-Rolfshagen

Poetische Texte und Geschichten
von unbekannten Autoren,
gesammelt und ausgewählt von
Kristiane Allert-Wybranietz.

Schweigen brennt unter der Haut
Poetische Texte
ISBN 3-453-04772-9

Abseits der Eitelkeiten
Poetische Texte
ISBN 3-453-00020-X

Wir selbst sind der Preis
Poetische Texte
ISBN 3-453-03219-5

Stark genug, um schwach zu sein
Poetische Texte
ISBN 3-453-06316-3

Träume nicht nur für den Tag
Poetische Texte
ISBN 3-453-08023-8

Zwei Koffer voller Sehnsucht
Geschichten und Märchen
zum Nachdenken
ISBN 3-453-06926-9

Regenbogen der Gefühle
Geschichten und Märchen
ISBN 3-453-11519-8

HEYNE

Ich. Du. Wir.
Menschen im Geflecht ihrer Beziehungen.
Gedichte und Gedanken von
Kristiane Allert-Wybranietz.

Du sprichst von Nähe
Verschenk-Texte
ISBN 3-453-02295-5

Dem Leben auf der Spur
Verschenk-Texte
ISBN 3-453-00549-X

Der ganze Himmel steht uns zur Verfügung
Verschenk-Texte
ISBN 3-453-03986-6

Farbe will ich, nicht schwarzweiß
Verschenk-Texte
ISBN 3-453-05564-0

Willkommen im Leben!
Wo warst du so lange?
Verschenk-Texte
ISBN 3-453-07408-4

Heute traf ich die Sehnsucht
Verschenk-Texte
ISBN 3-453-09745-9

Hoffnungsschimmer auf Hochglanz poliert
Verschenk-Texte
ISBN 3-453-12935-0

Angst ist nicht Schwäche
Erfahrungen und Ratschläge einer Betroffenen
ISBN 3-453-13141-X

HEYNE